AF509104

DISCOURS

PRONONCÉS AUX FUNÉRAILLES

DE

M. HENRI POINCARÉ

INSPECTEUR GÉNÉRAL DES MINES,
MEMBRE DE L'ACADÉMIE FRANÇAISE
ET DE L'ACADÉMIE DES SCIENCES

Le Vendredi 19 juillet 1912

TOURS

IMPRIMERIE DESLIS FRÈRES ET Cie

6, rue Gambetta, 6

DISCOURS

PRONONCÉS AUX FUNÉRAILLES

DE

M. Henri POINCARÉ

INSPECTEUR GÉNÉRAL DES MINES
MEMBRE DE L'ACADÉMIE FRANÇAISE
ET DE L'ACADÉMIE DES SCIENCES

Le Vendredi 19 juillet 1912

(Extrait des ANNALES DES MINES, livraison d'Août 1912.)

PARIS

H. DUNOD ET E. PINAT, ÉDITEURS

47 et 49, Quai des Grands-Augustins, 47 et 49

1912

DISCOURS

PRONONCÉS AUX FUNÉRAILLES

DE M. HENRI POINCARÉ

INSPECTEUR GÉNÉRAL DES MINES,
MEMBRE DE L'ACADÉMIE FRANÇAISE
ET DE L'ACADÉMIE DES SCIENCES

le Vendredi 19 juillet 1912

DISCOURS DE M. GUIST'HAU.
Ministre de l'Instruction Publique.

Messieurs,

La mort de Henri Poincaré, si elle réunit dans une commune pensée de regret l'élite intellectuelle de tous les pays, est pour nous un deuil public. En s'y associant, le gouvernement est l'interprète de la nation tout entière douloureusement atteinte. Car si les travaux du mathématicien ne sont accessibles qu'au petit nombre, tous savaient que Henri Poincaré représentait ce que le génie de la France a de plus pur, de plus désintéressé et de meilleur.

Les frontières conventionnelles par lesquelles nous cherchons à distinguer entre elles les connaissances humaines n'existaient pas pour lui, il était par excellence le savant dans toute la force et l'étendue du mot, parce qu'il personnifiait l'unité même de la science sous l'infinie multiplicité de ses manifestations,

Son puissant esprit abordait tous les problèmes et les éclairait tous d'une lumière nouvelle. Il était de ceux, si rares dans l'histoire de l'humanité, qui de la contingence des faits, des notions ou des observations fragmentaires ou isolées, peuvent s'élever jusqu'à la conception même de l'univers, en étudier la constitution et l'évolution, en pressentir jusqu'aux variations. Grâce à cette force d'investigation qui s'étendait à toutes choses, il étudiait les lois du monde intellectuel comme celles du monde physique, et les philosophes aussi bien que les mathématiciens ou les astronomes reconnaissaient en lui leur maître. Une même préoccupation a dominé tous ses travaux, toute sa vie, celle qu'il a exprimée dans cette pensée que rappelait hier un de ses plus éminents confrères : « La recherche de la vérité doit être le but de notre activité, c'est la seule fin qui soit digne d'elle. » A rechercher ainsi la vérité, cette âme très noble et très belle a goûté des joies profondes, mais en même temps Henri Poincaré a bien servi son pays, en bon Lorrain, en bon Français.

Si la mort l'a frappé en pleine vigueur, au milieu de sa tâche, et alors que la science attendait encore tant de lui, son œuvre si vaste et si féconde se continuera dans les travaux qui s'inspireront de sa pensée et de ses découvertes, participant ainsi de l'éternité même des problèmes dont il a poursuivi la solution.

Mais il appartient à ses confrères de lui rendre un hommage digne de lui ; je n'ai voulu qu'exprimer ici notre douleur à tous, acquitter notre dette de reconnaissance et assurer de notre respectueuse sympathie sa famille si cruellement éprouvée.

DISCOURS DE M. JULES CLARETIE

Directeur de l'Académie française.

Messieurs,

« De quelle immense proie la mort vient de se saisir ! »

Elle me revient aujourd'hui, l'éclatante parole, devant cette tombe trop tôt ouverte.

Au nom de l'Académie française, j'ai l'honneur de donner à M. Henri Poincaré le salut d'une Compagnie dont il fut un des membres les plus justement illustres. Lorsque ses confrères appelèrent à prendre place parmi nous le savant que l'Institut avait élu alors qu'il n'avait pas trente-trois ans, c'était à un poète que succédait ce mathématicien, ce géomètre, ce philosophe, ce lettré, qui était comme un poète de l'infini, comme un aède de la science. Et dès le premier jour, nous étions séduits par la parole singulièrement éloquente dans sa simplicité, dans sa limpidité, de ce maître écrivain qui, connaissant tout, vérifiant tout, éclairait de ses définitions, animait de ses observations, guidait de ses conseils nos recherches, les études de notre langue.

Ce n'est pas aujourd'hui, ce n'est pas ici qu'il faut étudier l'œuvre de ce grand homme qui, adolescent à peine, avait jadis gravi du premier coup les sommets. On dira, de multiples et éloquentes voix diront tout ce que le pays doit à ce fils de la Marche lorraine, à cet enfant de Nancy qui a illustré la France. Devant un cercueil l'Académie française ne peut qu'exprimer ses tristesses, et déplorer la perte d'un grand chercheur de vérités, arrêté brusquement dans son admirable labeur.

Juger le savant, serait une témérité singulière. Nous ne pouvons, célébrant sa gloire, que nous incliner devant le philosophe dont la pensée eut une action si féconde, si profonde sur les générations nouvelles.

Henri Poincaré était un éveilleur d'idées. Il poursuivait âprement, avidement, obstinément la Vérité, dont il faisait sa conseillère, et le poète de la *Justice* eût dit sa Muse. Il avait, selon le mot de Pascal, « atteint les limites de la science où arrivent les grandes âmes ».

Ce savant, qui déclarait que cette science même doit « choisir entre les faits innombrables offerts à sa curiosité », ne semblait pas s'embarrasser dans son choix. Son cerveau encyclopédique embrassait toutes choses. Devant les phénomènes de la nature : électricité, géodésie, astronomie, il se sentait attiré par toutes les difficultés à la fois, tenté par tous les mystères. Sa pensée, cet « éclair au milieu d'une longue nuit », illuminait les questions les plus obscures. Il ne prenait ni la mesure du temps, ni celle de l'espace; et cependant, comme aux plus infimes, le temps était mesuré à ce grand chercheur, et disputé l'espace accordé à son génie !

La passion de la vérité scientifique ne lui suffisait pas, il s'éprenait de la beauté littéraire et ce mathématicien incomparable était un mainteneur obstiné des bonnes lettres, de ces humanités qui guidèrent si longtemps le génie français dans la voie droite et sûre. Il fallait l'entendre, lors de la discussion des vocables, à l'« heure du Dictionnaire », revendiquer les origines et comme les lettres de noblesse des mots. Ce moderne qui, par ses découvertes et ses calculs, activait la vie contemporaine, défendait avec intrépidité le patrimoine des aïeux. Il savait que la langue française est aussi une patrie, et, contre toute invasion périlleuse, ce soldat du bien dire se dressait comme à la frontière.

Nous n'oublierons jamais la bonne grâce pénétrante et

simple qu'il apportait à nos travaux. Ce grand homme était un bon homme et le meilleur des hommes. Et lorsqu'il voulait bien, abandonnant ses recherches personnelles, nous représenter dans les congrès ou les réunions officielles, en pays parfois prévenus contre nous, nous éprouvions quelque fierté à voir que l'étranger s'inclinait respectueusement devant ce grand Français. Ce fils illustre faisait honorer sa mère.

Je disais hier que la perte d'un tel confrère était pour nous un deuil de famille. Je le répéterai devant ceux qui portent si dignement un nom acclamé, un nom aimé. La même bonne terre française nous avait donné deux confrères dont les noms sont à eux seuls comme des revendications retentissantes. Je salue ici deux Lorrains de fière race qui ont bien servi, qui ont glorifié la patrie. Et si la mort nous a ravi en pleine force intellectuelle, dans l'admirable épanouissement, dans le rayonnement de son génie, Henri Poincaré, ceux qu'il laisse après lui peuvent, en entendant retentir la clameur de gloire qui de partout arrive jusqu'au bord de cette tombe, se dire, — consolation amère, mais profonde, — que si l'œuvre du grand savant est inachevée, si les œuvres ébauchées restent mystérieuses comme dans les limbes du génie, — *pendent interrupta*, — du moins la mémoire d'Henri Poincaré est-elle certaine de cette immortalité définitive que confère d'ordinaire le seul avenir et qui, affirmée aujourd'hui parmi les pleurs et les couronnes, avait commencé pour notre confrère dès ses années de jeunesse et dès son aurore.

Non, pour Henri Poincaré, la postérité ne commence pas à l'heure douloureuse où nous sommes. Elle grandit. Elle continue.

DISCOURS DE M. LIPPMANN

Président de l'Académie des Sciences.

Messieurs,

Nous ne savions pas que notre illustre confrère fût en danger et la fatale nouvelle éclata comme un coup de foudre : « Henri Poincaré n'est plus ! » Voilà qui est vite fait ; voilà qui est vite dit. C'est la plus brillante de nos gloires qui disparaît, et du même coup c'est un confrère simple et bon que nous perdons. Son puissant cerveau a eu toutes les curiosités, et les sciences dont il s'est occupé lui doivent toutes quelques progrès. Sa grandeur comme mathématicien ne peut être appréciée que par les mathématiciens. Mais en même temps l'astronomie théorique lui doit l'extension de ses méthodes d'analyse. Poincaré a perfectionné l'outillage de la physique mathématique, et s'il avait eu le temps de s'occuper de physique expérimentale, je pense qu'il se fût mis au premier rang. Il a su donner à Henri Becquerel de fructueuses suggestions, dont Becquerel lui resta toujours profondément reconnaissant. Poincaré maniait avec une si prodigieuse aisance toutes les formes mathématiques, qu'il s'est trouvé tout naturellement amené à nous donner des considérations générales sur la théorie des sciences, sur le rôle de l'hypothèse et le contenu des découvertes. Il s'est donc révélé philosophe ; et sa philosophie, qui implique une profonde connaissance de la mécanique de la physique mathématique, qui est une des plus abstruses et des plus inaccessibles que l'on peut trouver, est par surcroît devenue populaire : ce qui montre combien elle est difficile à comprendre.

Henri Poincaré est entré à l'Académie des Sciences en

1887. Il a publié, on le sait, une série de précieux volumes sur la théorie de la probabilité, sur l'électricité et l'optique, sur la thermodynamique, sur la chaleur, sur la capillarité, etc., et en outre plus de 1.500 mémoires. Il faudrait un volume et la collaboration de plusieurs personnes pour analyser une pareille œuvre.

Vous me pardonnerez, Messieurs, si je ne tente pas de le faire, surtout en ce moment, et si je me borne à venir dire aujourd'hui au nom de l'Académie des Sciences la douleur que nous cause cette fin cruelle et le sentiment que nous éprouvons tous de la perte immense que la France et que la science font en la personne de Henri Poincaré.

DISCOURS DE M. PAUL PAINLEVÉ

Membre de l'Académie des Sciences,

AU |NOM DE LA SECTION DE GÉOMÉTRIE

Messieurs,

La perte que la France vient de faire est si grande qu'elle a été ressentie par la nation tout entière. Si abstraite que fût l'œuvre colossale de Henri Poincaré, si difficilement accessibles que fussent les sommets de sa pensée, sa gloire était trop incontestée, sa renommée trop universelle pour n'avoir pas pénétré toutes les classes, tous les milieux, même les plus légers et les plus distraits, même les plus incultes. Tous les Français savaient qu'un homme vivait parmi eux, dont la pensée était capable de contenir et d'accroître l'ensemble des vérités qu'a pu amasser jusqu'ici l'effort millénaire et concerté des autres hommes, dont le cerveau était en quelque sorte le *cerveau consultant* de la science humaine. Et que cet homme fût un des leurs, qu'il fût né en pleine terre lorraine, qu'il parlât leur langue, qu'il déployât, dans son œuvre si complexe et si difficile, cette clarté, cette concision, cette imagination logique, lucide et simplificatrice qui sont les qualités maîtresses de notre race, c'était pour eux une raison de fierté et de réconfort. Noble patriotisme et légitime orgueil qui ne sauraient offusquer nul autre peuple ! Il n'est aucune nation qui ne nous ait envié Henri Poincaré ; il n'en est aucune qui ne s'inclinât avec respect devant la primauté de son génie.

Mais si la mort de Henri Poincaré provoque chez tous de tels regrets, quels sentiments ne soulève-t-elle pas chez ses confrères, ses collègues, ses élèves, chez ceux à qui il a été donné de connaître la profondeur, la beauté et l'ampleur de son œuvre, la portée sans limites de son esprit, la justesse et la pénétration de ses conseils : car dans toute recherche scientifique, si spéciale qu'elle fût, si éloignée de ses travaux personnels, il entrait, pour ainsi dire, de plain-pied. Quelle amertume, devant ce coup du destin qui brise en pleine force ce prodigieux instrument de pensée ! La vie de Poincaré n'a été qu'une méditation intense et ininterrompue, méditation despotique et sans pitié qui courbe les épaules, penche le front, absorbe l'influx vital de l'être : elle a usé trop tôt le corps qu'elle habitait.

C'est à vingt-quatre ans, après quatre années de réflexion silencieuse et acharnée, qu'il commence cette série de publications mathématiques dont on ne sait si on doit le plus admirer la surprenante profondeur ou la surprenante fécondité.

Qu'il s'attaque à l'ascension, degré par degré, des vérités du discontinu arithmétique, qu'il démêle l'enchevêtrement des formes géométriques, ou qu'il poursuive dans leurs méandres les plus subtils les caprices des lois continues qui relient une quantité à une autre, il n'est pas un de ses travaux qui n'ait quelque chose de magistral, pas une de ses quinze cents publications qui ne porte la griffe du lion.

A vingt-sept ans, la Faculté des Sciences offrait à ce jeune conquérant sa chaire de mécanique physique. A trente-trois ans, l'Académie des Sciences lui ouvrait ses portes : exemple que suivaient bientôt toutes les Académies du monde entier, car il n'est aucun corps savant d'Europe ou d'Amérique qui n'ait cru s'honorer en s'adjoignant le concours de Henri Poincaré.

Mais les sciences mathématiques n'étaient pour l'illustre analyste qu'un prodigieux instrument de mesure bien adapté à l'étude comparée des phénomènes de l'univers. Cet instrument, il allait le manier lui-même, et avec quelle maîtrise! A trente ans, il étonne les physiciens par sa critique des principes généraux de leur science ; c'est le début de ces spéculations hardies qui le mèneront, d'année en année, jusqu'au bord même de l'inconnu, jusqu'au problème de la constitution de la matière, jusqu'à cette mécanique paradoxale qu'a suscitée la découverte inattendue des radiations mystérieuses.

Et ce n'est là encore qu'une partie de son activité : géodésie, cosmogonie, astronomie, philosophie des sciences, il a tout embrassé, tout pénétré, tout approfondi. Son œuvre en mécanique céleste suffirait à sa gloire. C'est elle qui l'a révélé pour la première fois au grand public. Le roi Oscar II de Suède, Mécène des sciences, éclairé autant que généreux, avait ouvert, en 1887, un concours international de mathématique. En 1889, à l'issue du concours, la France apprit avec joie que la grande médaille d'or, suprême récompense du nouveau tournoi, était décernée à un de ses enfants, à un jeune savant de trente-cinq ans, pour une merveilleuse étude de la stabi-

lité mécanique de notre univers ; et le nom de Henri
Poincaré devint populaire.

Mais comment énumérer les justes honneurs qui ont
marqué chaque année de son existence ? De ces innombrables récompenses, celle qui toucha le plus son orgueil-
leuse simplicité, ce fut le désir de tous les peuples de
connaître son enseignement, d'entendre la parole du penseur, ses formules brèves et saisissantes, reliées par des
raisons essentielles et qui se hâtent. C'est ainsi que
Henri Poincaré a été un missionnaire de la science et de
la philosophie aux États-Unis, à Vienne, à Berlin, à Londres.
Il n'est sur le globe aucun savant digne de ce nom
qui ne se considère à quelque degré comme un de ses
élèves.

Messieurs, le héros thébain mourant disait, après
deux victoires, qu'il laissait « deux filles immortelles ».
Le héros de la pensée qui vient de succomber laisse, lui
aussi, dans le monde idéal, aussi vrai que l'autre, une postérité immortelle qui guidera dans l'avenir les recherches
des hommes. Sa vie même demeurera comme un exemple
aussi harmonieux dans sa ligne impeccable que les orbes
de ces astres dont il a voulu connaître l'éternel futur et
l'éternel passé. Mais le coup qui nous l'arrache est trop
brutal, la blessure est trop ouverte pour que de telles
pensées nous apaisent encore. Au nom de l'Académie des
Sciences en deuil, au nom de ses confrères désolés,
j'adresse au sublime penseur que nous ne reverrons plus
un suprême hommage et un suprême adieu.

DISCOURS DE M. PAUL APPELL

Membre de l'Institut, doyen de la Faculté des Sciences,

AU NOM DE LA FACULTÉ DES SCIENCES

Messieurs,

La France a perdu un homme de génie ; sur toute la terre, tous les hommes de science et de pensée ressentiront douloureusement la disparition subite du grand savant français, à la fois philosophe et géomètre, profond comme Pascal, pénétrant comme Kant.

Dans ce deuil cruel de la patrie, dans cette douleur de l'humanité, notre Faculté, famille scientifique du grand homme, est le plus profondément atteinte ; elle lui sera toujours reconnaissante de l'incomparable éclat qu'il a jeté sur elle et sur l'Université de Paris, par son enseignement créateur, par ses découvertes dans tous les domaines des sciences, par ses écrits philosophiques sur les principes de la connaissance.

Dès la classe de mathématiques spéciales, au lycée de Nancy en 1872, sa prodigieuse intelligence se révéla à son professeur Elliot, comme à nous ses condisciples ; il avait déjà le don génial d'apercevoir intuitivement, avec le détail particulier de chaque question, l'idée générale dont elle procède et la place qu'elle occupe dans l'ensemble. Il avait aussi cette simplicité, cette horreur de l'effet, ce bon sens lorrain, cette amitié sûre qu'il a conservés toute sa vie. C'est au lycée, dans nos promenades quotidiennes après la classe de l'après-midi, que nous avons, Poincaré et moi, contracté une profonde amitié, de plus en plus resserrée par le temps, qui m'a fait assister avec joie à l'éclosion prévue et au développement de son génie, et que la mort a si affreusement brisée.

A notre Faculté, Poincaré occupa successivement, dans une période de trente ans, les chaires de mécanique, de physique mathématique et de calcul des probabilités, d'astronomie mathématique et de mécanique céleste. Il aurait pu tout aussi bien occuper n'importe laquelle de nos chaires de mathématiques ou de physique. Pendant cette longue période, il traita chaque année un nouveau sujet, faisant pénétrer ses découvertes dans son enseignement. Comme il ne pensait jamais à tirer parti d'un effort autrement que pour un nouvel effort, il ne s'occupait plus de ses cours, quand ils étaient terminés. Ce fut l'Association amicale des élèves et des anciens élèves de la Faculté qui sollicita et obtint de lui l'autorisation de les faire rédiger et imprimer ; c'est à cette initiative que nous devons les seize volumes de mécanique, de cinématique et de physique mathématique représentant la première partie de l'enseignement magistral de Poincaré. L'Association est justement fière de son œuvre ; elle me charge de dire toute sa reconnaissance à la mémoire du grand savant.

L'enseignement de la mécanique céleste amena Poincaré à développer les méthodes nouvelles qu'il avait données dans son célèbre mémoire sur le problème des trois corps ; il en résulta un ouvrage en plusieurs volumes, d'une importance capitale, qui fait de l'auteur, dans cette partie de la science, le Laplace du xxe siècle.

Dans le service intérieur de la Faculté, Poincaré a toujours montré le plus scrupuleux attachement à son devoir, ne demandant aucune faveur, donnant généreusement ses idées pour les thèses de doctorat, corrigeant les copies des candidats au baccalauréat avec une conscience et une régularité exemplaires.

Je tiens à associer tout particulièrement à l'expression

de notre douleur et de notre hommage, notre doyen honoraire M. Darboux ; voici en quels termes il s'adressa à Poincaré le jour de la célébration de son jubilé scientifique :

« Mon cher Poincaré,

« Les éloges que vous donnez à mes travaux portent la marque de votre bienveillance naturelle ; ils me comblent de joie, comme venant de celui que je considère comme le plus grand géomètre vivant. Je me souviendrai toujours des charmantes relations que j'ai eues avec vous en qualité de doyen. On vous trouvait toujours disposé à rendre service à un collègue, à accomplir ponctuellement les tâches, quelquefois ingrates, qu'on vous confiait. Avec des hommes tels que vous, la Faculté allait toute seule. Il y a plus : lorsque la considération du bien du service m'a déterminé à vous demander de changer d'enseignement, vous l'avez fait sans hésitation, une première fois pour prendre la chaire de physique mathématique, une seconde fois pour passer à celle de mécanique céleste. Et ainsi, j'ai aujourd'hui la joie et l'orgueil de penser que j'ai pu avancer le moment où, en même temps que grand géomètre, vous avez été proclamé par tous grand physicien et grand astronome. Pourquoi la Faculté ne possède-t-elle pas une chaire de philosophie scientifique ? J'aurais pu vous demander aussi de l'occuper. »

Ces paroles achèvent de caractériser Poincaré comme professeur.

La veille du jour où il entra dans la maison de santé, il vint au conseil de la Faculté, lire, sur les travaux d'un candidat à une chaire magistrale, un rapport qui frappa vivement tous nos collègues, par la puissance et la profondeur de ses aperçus généraux sur la théorie des groupes ; Poincaré a ainsi rempli, jusqu'à la fin son devoir ; il a donné à la Faculté son dernier effort scientifique.

Tel fut l'homme que nous pleurons aujourd'hui. Sa vie, partagée entre sa famille et le travail scientifique, fut embellie et facilitée par une compagne qui sut entourer son mari de l'atmosphère familiale, profondément unie et calme, qui seule permet les grands travaux de la pensée.

Poincaré était, comme notre maître Hermite, d'une famille lorraine ; il avait vu, tout jeune, Nancy, sa ville natale, envahie, puis sa province mutilée ; il avait, suivant l'émouvante image de Jules Ferry, entendu monter derrière la crête bleue des Vosges les lamentations des vaincus. Il travaillait pour la vérité, pour la science, mais aussi pour la patrie. Puisse son noble exemple inspirer la jeunesse de France !

Avec le suprême hommage de notre Faculté, je suis chargé de déposer sur cette tombe les expressions de douleur et de deuil de la Faculté des Sciences de l'Université de Nancy, et de la Société mathématique de France dont Poincaré fut deux fois président.

DISCOURS DE M. BIGOURDAN

Membre de l'Institut,

AU NOM DU BUREAU DES LONGITUDES

Messieurs,

La France pleure un de ses enfants les plus illustres, un de ceux qui ont fait rayonner au loin sa gloire et son génie, et la Science est en deuil de la mort d'Henri Poincaré.

Permettez-moi de venir exprimer, dans ce concert d'unanimes regrets, ceux que ressentent ses confrères, ses collègues, ses admirateurs du Bureau des longitudes, des Conseils des observatoires, de l'Observatoire de Paris, de la Société astronomique de France, de la rédaction du Bulletin astronomique, enfin de tous les astronomes français, frappés encore au cœur d'une manière si imprévue.

Je ne rappellerai pas, après les voix si autorisées que vous yenez d'entendre, ce qu'a été Henri Poincaré comme écrivain et philosophe, comme physicien, astronome et mathématicien incomparable. D'ailleurs, comment louer si rapidement et comme il le mérite celui dont la puissante intelligence a embrassé tant de sciences et remué tant d'idées ? Ce pieux devoir sera certainement rempli par les innombrables académies et sociétés savantes des deux mondes qui l'avaient appelé à siéger dans leur sein, et qui lui avaient tressé des couronnes.

Mais je voudrais montrer ce que fut l'homme excellent que nous venons de perdre, et qu'ont aimé tous ceux qui l'ont connu.

Il affectionnait le *Bureau des longitudes* qu'il présidait, il y a peu de temps encore, et où il retrouvait le souvenir d'aînés dignes de lui. C'est là surtout qu'on l'aimait, parce qu'on l'approchait davantage ; dans ces réunions, peu nombreuses et sans apprêt, nous jouissions de ses précieux avis, qu'il donnait toujours avec la simplicité qui ne l'abandonnait jamais. Son autorité y était prépondérante, et en son absence on ne prenait jamais une décision importante. Hélas! nous n'y entendrons plus sa voix désormais éteinte.

Il était président du *Conseil des observatoires*, et, il y a quinze jours à peine, il dirigeait sa dernière réunion. Là son autorité n'était pas moins grande, et, sans jamais chercher à peser sur l'opinion de ses collègues, au besoin il donnait la sienne en quelques mots qui exerçaient toujours la plus grande influence.

Naturellement, tous les candidats, là et ailleurs, recherchaient son suffrage ; mais, parmi ceux qui ne pouvaient l'obtenir, pas un ne mettait en doute l'élévation des motifs qui lui faisaient refuser la préférence.

Il appartenait aussi au Conseil de l'*Observatoire de Paris*, et était un des amis les plus écoutés de cet établissement. Au nom de M. Baillaud, son directeur, rentré précipitamment pour assister à ses obsèques, au nom de tout le personnel, je salue la dépouille du grand homme que nous perdons.

Après Faye et Tisserand, il accepta de présider la *Société astronomique de France*. On pouvait se demander si les hautes facultés du Maître seraient pleinement appréciées dans ce nouveau milieu, où abondent des observateurs pleins de zèle, mais parfois peu préparés à goûter la rigueur parfaite d'une solution, ou à sonder toute la difficulté des problèmes. Son successeur actuel à ce fauteuil, mon ami M. Puiseux, nous dirait que toute crainte à cet égard fut vite dissipée, et que bientôt le prestige qui entourait déjà le nouveau président se nuança d'une affectueuse popularité. C'est que ce prodigieux érudit, cet analyste impeccable, savait sourire ; il savait ignorer, il savait douter. Insatiable de faits, il trouvait toujours les mots qu'il fallait pour encourager les observateurs sincères ; et il a imprimé en eux, avec l'autorité de son propre exemple, la meilleure des leçons de prudence. Ainsi, qui eût osé proposer comme intangibles des formules cosmogoniques, alors que lui-même se déclarait arrêté au seuil du mystère de l'origine du Monde ?

Ses recherches de mécanique céleste sont comme un champ fertile où de nombreux élèves sont venus glaner abondamment, et qui regardaient comme une récompense enviée l'approbation de cet arbitre incontesté des hautes recherches mathématiques. De ces relations trop courtes, ils ont gardé une sincère gratitude, et combien d'entre eux ont senti leurs yeux se mouiller de larmes à l'annonce de sa mort !

Henri Poincaré présidait aussi le comité de rédaction du *Bulletin astronomique*, et il a maintenu haut la réputation de cette revue, où il avait remplacé son ami Tisserand, enlevé aussi bien prématurément à l'affection de tous. Il y retrouva quelque temps Callandreau, auquel le liait une amitié contractée à l'École Polytechnique, et que la mort a fauché aussi bien avant l'heure ; l'un et l'autre l'ont précédé dans cette terre du Montparnasse, qui garde les dépouilles mortelles de tant d'astronomes.

Henri Poincaré a eu l'occasion, trop fréquente, hélas ! de faire l'éloge de savants, ses contemporains ou ses prédécesseurs immédiats. Dans ces portraits, il a souvent parlé des joies de la famille, laissant par là entrevoir ce qu'il fut lui-même dans la sienne : c'est ce que pourraient seuls nous dire pleinement ceux qu'il laisse après lui, anéantis par l'irréparable malheur qui les frappe : cette noble femme qui lui a donné le plus respectable des foyers ; ce fils qu'il a constamment guidé pas à pas, et qui marche déjà sur ses traces ; ces filles, dont il sut être autant l'ami que le père ; qu'ils nous permettent tous de partager leur deuil et de leur offrir nos respectueuses condoléances.

Et vous, cher et bien regretté Confrère, vous qui avez tant exploré le domaine de l'inconscient, vous avez laissé ignorer quelle était au juste l'idée que votre puissant esprit s'était faite du monde mystérieux où vous venez d'entrer. C'est parce qu'on n'y fait pas acception des personnes, que vous comptiez pour si peu les honneurs qui sont venus vous chercher en foule. Mais l'amour sincère de la vérité et de la justice, la bonté, le vrai désintéressement, toutes ces vertus enfin que nous vous avons connues, vous y ont fait cortège. Aussi je ne vous dis pas adieu, mais au revoir dans cet au-delà que la raison entrevoit, que le cœur devine, et où la paix a été promise aux hommes de bonne volonté.

DISCOURS DE M. LE GÉNÉRAL CORNILLE

Commandant de l'École Polytechnique.

Messieurs,

Lorsque Henri Poincaré eut quitté la carrière active des Mines pour se vouer entièrement à l'enseignement et à la recherche scientifique, il voulut se maintenir en relations étroites avec l'École Polytechnique où il s'était formé, où, sans aucun doute, il avait trouvé sa voie, et qu'il aimait profondément. Il fut répétiteur d'analyse pendant une quinzaine d'années, jusqu'en 1897. Un peu plus tard, en 1904, il devint professeur d'astronomie. Le cours d'astronomie, à ce moment très menacé de suppression, ne dut peut-être de survivre qu'au nom d'Henri Poincaré, que les Conseils de l'École proposèrent, par acclamation, pour ainsi dire, au choix du Ministre, en vue de conserver le cours.

Il se démit de ses fonctions de professeur un peu plus tard, mais ne cessa de s'occuper de l'Ecole. Membre du Conseil de Perfectionnement, il trouvait le temps d'en suivre avec attention les travaux, toujours prêt à donner les conseils qui lui étaient si souvent demandés, toujours heureux de nous donner une collaboration effective. Il y a trois semaines environ, c'était à la fin de juin dernier, très désireux que j'étais que la voix d'Henri Poincaré se fit de nouveau entendre à l'École, j'allai le trouver chez lui pour lui demander de vouloir bien faire aux élèves, au cours de l'année scolaire prochaine, quelques conférences, dont il devait, bien entendu, fixer lui-même le sujet. Il avait accepté et je le quittai, particulièrement heureux de cet acquiescement que je considérais comme une bonne œuvre faite à l'École.

Hélas ! sa voix ne résonnera plus dans l'amphithéâtre où devait l'entendre une jeunesse attentive, pressée autour du Maître. L'École est en deuil, et comme frappée par un coup de foudre. Avec stupeur, avant-hier, elle apprenait qu'Henri Poincaré n'était plus. Et elle ne peut croire encore que cette pensée se soit si brusquement éteinte, cette pensée aux éclairs de laquelle il semblait qu'on allât pouvoir progresser par bonds rapides dans la connaissance des choses, cette pensée si puissante sur laquelle l'humanité pensante va rester peut-être comme interdite et stupéfaite de ne plus pouvoir compter.

Des voix autorisées ont dit et diront l'œuvre immense du mathématicien et du penseur. Ce que j'avais à dire et à exprimer ici, — mais nul ne s'affligera plus que moi qu'elle ne puisse être exprimée comme il aurait fallu, — c'est la plainte longue, profonde et douloureuse de la vieille École penchée sur la froide dépouille de celui, trop tôt ravi, qui fut l'un de ses enfants les plus illustres, de l'un de ceux dont elle est et dont elle restera à bon droit le plus fière, de celui qui, puissant et grand par le génie, resta modeste et simple, fut bon, serviable et bienveillant pour tous. Et je ne puis que m'incliner devant ce cercueil, respectueusement et très bas, pour apporter à Henri Poincaré, au nom de l'École Polytechnique, le tribut et l'hommage, profondément et douloureusement émus, de notre admiration et de notre respect.